中国军队参加联合国维和行动30年

（2020年9月）

中华人民共和国
国务院新闻办公室

人民出版社

目　　录

前　言

今年是中国人民抗日战争暨世界反法西斯战争胜利75 周年,是联合国成立 75 周年,是中国军队参加联合国维和行动 30 周年。

和平是中国人民的永恒期望,是中国发展的鲜明特征。新中国成立以来,中国坚定不移走和平发展道路,在实现自我发展的同时,为世界和平与发展作出了重要贡献。中国始终坚定维护以联合国为核心的国际体系,坚定维护以《联合国宪章》宗旨和原则为基石的国际关系基本准则,同各国一道,坚守多边主义,维护公平正义。

中国以实际行动维护世界和平,积极参加联合国维和行动,是联合国第二大维和摊款国和会费国,是安理会常任理事国第一大出兵国。30 年来,中国军队认真践行《联合国宪章》宗旨和原则,先后参加 25 项联合国维和行动,累计派出维和官兵 4 万余人次,忠实履行维和使命,为维护世界和平、促进共同发展作出积极贡献,彰显了和平之师、正义之师、文明之师形象。

进入新时代,中国军队全面落实习近平主席出席联合国维和峰会时宣布的承诺,以服务构建人类命运共同体为目标,加大对联合国维和行动的支持和参与力度,为冲突地区实现和平发展带去更多信心和希望。新时代的中国军队,已经成为联合国维和行动的关键因素和关键力量,为世界和平与发展注入更多正能量。

当今世界正经历百年未有之大变局。和平与发展仍是时代主题,但面临着日益严峻、不断增多的风险和挑战。不管国际风云如何变幻,中国始终是世界和平的建设者、全球发展的贡献者、国际秩序的维护者,中国军队始终是世界和平与发展的正义力量。

回顾中国军队参加联合国维和行动 30 年的光辉历程,介绍新时代中国军队维护世界和平的理念与行动,中国政府特发布此白皮书。

一、中国军队为世界和平出征

联合国维和行动为和平而生,为和平而存,为维护世界和平作出了重要贡献。1971 年,中国恢复在联合国的合法席位,以更加积极的姿态在国际事务中发挥作用。改革开放后,中国逐步参与联合国维和事务。1990 年 4 月,中国军队向联合国停战监督组织派遣 5 名军事观察员,开启了中国军队参加联合国维和行动的历程。30 年来,中国军队在联合国维和行动中,始终牢记履行大国担当、维护世界和平、服务构建人类命运共同体的初心和使命,为世界和平英勇出征、砥砺前行,中国"蓝盔"成为联合国维护和平的关键力量。

中国军队参加联合国维和行动,源于中华民族的和平基因。中华民族的"和"文化,蕴涵着天人合一的宇宙观、协和万邦的国际观、和而不同的社会观、人心和善的道德观,和平、和睦、和谐是中华民族最朴素的追求,和合共生、以和为贵、与人为善等理念在中国代代相传。几千年来,和平融入中华民族的血脉中,刻进中国人民的基因里,成为中国军队的不懈追求。

中国军队参加联合国维和行动,源于中国人民的天下情怀。中国人民历来有"世界大同,天下一家"的梦想,有"大道之行也,天下为公"的胸襟,有"先天下之忧而忧,后天下之乐而乐"的抱负,不仅希望自己过得好,也希望其他国家人民过得好。中国军队走出国门,播撒的是希望,带去的是和平。

中国军队参加联合国维和行动,源于人民军队的根本宗旨。中国军队来自于人民、植根于人民,为人民而生、为人民而战,任何时候任何情况下都坚持全心全意为人民服务的根本宗旨,与人民同呼吸、共命运、心连心,把人民的利益放在第一位。中国维和部队胸怀人间大爱,秉持人道主义精神,为当地谋和平,为当地人民谋幸福。

中国军队参加联合国维和行动,源于中国的大国担当。中国是联合国创始成员国,坚定维护联合国权威和地位,积极参加联合国维和行动,是中国作为国际社会负责任成员的应尽义务。中国是联合国安理会常任理事国,积极参加联合国维和行动,是中国履行大国责任的应有担当。世界和平不可分割,人类命运休戚与共。积极参加联合国维和行动,是中国携手各国推动构建人类命运共同体的应有之义。

中国军队参加联合国维和行动,秉持以下政策立场:

——坚持《联合国宪章》宗旨和原则。始终坚持恪守所有会员国主权平等、以和平方式解决国际争端等联合国主要原则,尊重各国自主选择的社会制度和发展道路,尊重并照顾各方合理安全关切。

——坚持联合国维和行动基本原则。始终坚持当事国同意、中立、非自卫或履行授权不使用武力的基本原则,尊重主权国家领土完整与政治独立,保持公平立场,准确执行安理会授权。

——坚持共商共建共享的全球治理观。始终坚持对话协商,建设持久和平的世界;坚持共建共享,建设普遍安全的世界;坚持合作共赢,建设共同繁荣的世界;坚持交流互鉴,建设开放包容的世界;坚持绿色低碳,建设清洁美丽的世界。

——坚持共同、综合、合作、可持续的新安全观。始终坚持尊重和保障每一个国家的安全,坚持统筹维护传统领域和非传统领域安全,坚持通过对话合作促进各国和本地区安全,坚持发展和安全并重以实现持久安全。

——坚持以和平方式解决争端。始终坚持以和平方式解决国家间和国家内部存在的分歧和争端,以对话增进互信,以对话解决纷争,以对话促进安全,坚决反对动辄诉诸武力或以武力相威胁。

——坚持筑牢维和伙伴关系。始终坚持通过维和行动改革,调动当事国、出兵国、出资国等积极性,充分发挥区域和次区域组织的作用,在维和行动领域推动构建更加紧密的伙伴关系。

二、中国军队是联合国维和行动的关键力量

30年来,中国军队派出维和官兵的数量和类型全面发展,从最初的军事观察员,发展到工兵分队、医疗分队、运输分队、直升机分队、警卫分队、步兵营等成建制部队以及参谋军官、军事观察员、合同制军官等维和军事专业人员。中国维和官兵的足迹遍布柬埔寨、刚果(金)、利比里亚、苏丹、黎巴嫩、塞浦路斯、南苏丹、马里、中非等20多个国家和地区,在推进和平解决争端、维护地区安全稳定、促进驻在国经济社会发展等方面作出了重要贡献。

(一)监督停火

监督停火旨在确保冲突各方履行停火协议,是联合国维和行动的初始职能,也是中国军队承担的首项联合国维和任务。自1990年起,以军事观察员、参谋军官、合同制军官等为代表的中国维和军事专业人员队伍不断发展壮大。

30年来,中国军队累计向 25 个维和特派团及联合国总部派出维和军事专业人员 2064 人次。迄今,共有 13 名中国军人担任特派团司令、副司令,战区司令、副司令等重要职务。2020 年 8 月,有 84 名维和军事专业人员正活跃在维和特派团和联合国总部,主要担负巡逻观察、监督停火、联络谈判、行动指挥、组织计划等任务。

军事观察员部署在冲突一线,为维和行动决策提供信息,经常受到武装冲突威胁。2006 年 7 月 25 日,黎以冲突期间,中国军事观察员杜照宇在炮火中坚守岗位履行职责,为和平事业献出了年轻的生命,被追记一等功,并被联合国授予哈马舍尔德勋章。

（二）稳定局势

迅速稳定局势是推进和平进程的前提条件,是联合国维和特派团的主要任务,也是近年来中国维和部队职能拓展的重要方向。部分维和任务区安全形势严峻,各类冲突不断,恐怖袭击、暴力骚乱频发。在各类维和分队中,步兵营主要执行武装巡逻、隔离冲突、止暴平暴、警戒搜查等任务,是维和行动的主力军、安全局势的"稳定器"。

2015 年 1 月，中国军队向联合国南苏丹特派团（联南苏团）派遣 1 支 700 人规模的步兵营，这是中国军队首次成建制派遣步兵营赴海外执行维和任务。5 年来，中国军队先后向南苏丹派遣 6 批维和步兵营。迎着朝霞出发、披着星光归营，在枪声中入睡、在炮声中惊醒，这是维和步兵营官兵工作生活的真实写照。截至 2020 年 8 月，维和步兵营累计完成长途巡逻 51 次、短途巡逻 93 次，武装护卫任务 314 次，武器禁区巡逻 3 万余小时，为稳定当地局势发挥了重要作用。2018 年 8 月，南苏丹首都朱巴发生大规模械斗流血事件。中国维和步兵营奉命出击，果断处置，迅速平息事态。

（三）保护平民

保护平民是联合国维和行动的重要内容，也是中国维和官兵义不容辞的责任、义无反顾的抉择。近代以来，中国人民饱受战乱之苦，中国官兵深知和平之宝贵、生命之无价。在战火频仍的维和任务区，中国维和官兵用汗水和青春浇灌美丽的和平之花，用热血和生命撑起一片片和平的蓝天。

2016 年 7 月,南苏丹首都朱巴爆发武装冲突,政府军和反政府武装持续激战,双方投入坦克、大口径火炮、武装直升机等重型武器,身处交火地域的大量平民生命安全受到严重威胁。中国维和步兵营及友邻部队共同承担辖区内朱巴城区及城郊百余村庄平民的安全保护任务。面对枪林弹雨,中国维和官兵用血肉之躯构筑"生命防线",阻止武装分子接近平民保护区,守护了 9000 多名平民的生命安全。执行任务期间,李磊、杨树朋两名战士壮烈牺牲,用生命履行使命,以英勇无畏践行了保护生命、捍卫和平的铮铮誓言,被追记一等功,并被联合国授予哈马舍尔德勋章。

(四)安全护卫

安全护卫是确保联合国特派团设施和人员安全的重要任务。中国军队作为联合国维和行动的重要参与者,积极派出维和安全部队,为联合国维和行动提供有力的安全保障。

2013 年 12 月,中国军队向联合国马里多层面综合稳定特派团(联马团)派遣 1 支 170 人的警卫分队,承担联马团东战区司令部安全警戒、要员护卫等任务,这是中国军队首次派遣安全部队参与维和行动。马里是联合国最危险的维和任务区之一,自杀式袭击、路边炸弹等恐袭事件屡屡发生。7 年来,中国军队先后向马里维和任务区派遣 8 批警卫分队、官兵 1440 人次,在危机四伏的撒哈拉沙漠南缘,警卫分队官兵出色完成任务,累计执行武装巡逻及警戒护卫等行动 3900 余次,被联马团东战区誉为"战区王牌"。2016 年 5 月 31 日,中国维和士兵申亮亮为阻止载有炸药的恐怖分子车辆冲入联合国维和营地壮烈牺牲,被追记一等功,并被联合国授予哈马舍尔德勋章。中华人民共和国成立 70 周年之际,申亮亮烈士被授予"人民英雄"国家荣誉称号。

2017 年 3 月 12 日,南苏丹边境城镇耶伊爆发激烈冲突,7 名联合国民事人员被困在交火区域中心,生命安全面临严重威胁。中国赴南苏丹维和步兵营火速派出 12 名官兵前往救援。行进途中险情不断,救援官兵临危不惧,与武装分子斗智斗勇,3 次突破拦截,成功将全部被困民事人员安全转移。此次救援行动及时高效,被联南苏团作为解救行动成功范例加以推广。

(五)支援保障

工程、运输、医疗、直升机等后勤保障分队在联合国维和行动中扮演着不可或缺的重要角色,是当前中国军队向海外派遣维和部队的主体。在各维和任务区,中国后勤保障分队官兵以过硬的素质、精湛的技能和敬业的精神,创造了"中国质量""中国速度""中国标准"等一块块闪亮的中国品牌。

2020年1月,联马团北战区泰萨利特维和营地遭到恐怖袭击,造成20多人受伤。部署在东战区的中国医疗分队紧急前出,将7名乍得维和部队伤员接回至中国医疗分队。经过全力抢救,所有伤员转危为安。2020年5月,中国维和工兵分队克服新冠肺炎疫情防控压力大、安全形势严峻等不利因素,高标准、高质量完成南苏丹西部索普桥修建,打通瓦乌至拉加线路,赢得当地政府和人民的高度评价和赞誉。

30年来,中国军队先后向柬埔寨、刚果(金)、利比里亚、苏丹、黎巴嫩、苏丹达尔富尔、南苏丹、马里8个维和任务区派遣111支工兵分队25768人次,累计新建和修复道路1.7万多千米、桥梁300多座,排除地雷及未爆炸物1.4万余枚,完成大量平整场地、维修机场、搭建板房、构筑防御工事等工程保障任务;先后向利比里亚、苏丹2个任务区派遣27支运输分队5164人次,累计运送物资器材120万余吨,运输总里程 1300 万余千米;先后向刚果(金)、利比里亚、苏丹、黎巴嫩、南苏丹、马里 6 个任务区派遣 85 支医疗分队 4259 人次,累计接诊救治病人、抢救伤员 24.6 万余人次;向苏丹达尔富尔派遣 3 支直升机分队 420 人次,累计飞行 1602 架次、1951 小时,运送人员 10410 人次、物资 480余吨。

(六)播撒希望

过上幸福美好生活,是各国人民的共同期盼。远赴海外的中国维和官兵用实际行动,为遭受战火摧残的人民带去了和平、点亮了希望。

积极协助开展人道主义救援。30 年来,中国维和部队与国际人道主义机构携手,积极参与难民安置、救济粮发放、难民营修建和抢险救灾等行动,开展了大量卓有成效的工作。2020 年 4 月,刚果(金)东部乌维拉地区暴发罕见洪灾,人民生命财产安全面临严重威胁,中国工兵分队临危受命,紧急加固堤坝、修复被毁桥梁,打通生命通道,有力保护当地人民安全。

广泛参与战后重建。战乱国家或地区签署和平协议后,帮助其恢复社会秩序、改善民生,是防止冲突再起、实现持久和平与稳定的治本之策。中国维和部队积极参与驻地战后重建进程,承担重要基础设施援建、协助监督选举、医护人员培训及环境保护等任务,得到驻在国政府和人民的积极评价。苏丹达尔富尔地区地处沙漠边缘、地质结构复杂,是世界上极度贫水地区之一,2007 年至 2013 年期间,中国工兵分队给水官兵克服重重困难,先后在当地打井 14口,有效缓解当地人民的饮水难题。

传递温暖和爱心。中国维和官兵不仅是和平的守护人,也是友谊的传播者。中国赴刚果(金)医疗分队与驻地布卡武市"国际儿童村"结成对子,用真情传递爱心和温暖,中国女官兵被孩子们亲切称作"中国妈妈",这一爱心接力棒已经接续了 17 年,在当地传为佳话。中国赴南苏丹维和部队向当地人民传授农业技术、赠送农具菜种,并应邀到当地中学开设中国文化和汉语课程,深受学生们欢迎。

30 年来,中国军队先后参加 25 项联合国维和行动,累计派出维和官兵 4 万余人次,16 名中国官兵为了和平事业献出了宝贵生命。2020 年 8 月,2521 名中国官兵正在 8 个维和特派团和联合国总部执行任务。中国女性维和官兵在维和行动中发挥了越来越重要的作用,先后有 1000 余名女性官兵参与医疗保障、联络协调、扫雷排爆、巡逻观察、促进性别平等、妇女儿童保护等工作,展示了中国女性的巾帼风采。中国维和部队的出色表现,受到联合国高度认可,赢得国际社会广泛赞赏,为国家和军队赢得了荣誉。2019 年 10月 1 日,中国维和部队方队首次在国庆阅兵中接受祖国和人民检阅。

三、中国全面落实联合国维和峰会承诺

2015 年 9 月 28 日,中国国家主席习近平出席联合国维和峰会,宣布支持联合国维和行动的 6 项承诺。中国政府和军队坚决贯彻落实习近平主席决策部署,言必信、行必果,以实际行动履行相关承诺,取得一系列重要成果。5 年来,中国维和部队构成从单一军种为主向多军兵种拓展,任务类型从支援保障向综合多能转型,行动目标从制止武装冲突向建设持久和平延伸,维和能力进一步提升。

(一) 完成维和待命部队组建

维和行动快速部署,能为和平争取机会,为生命赢得时间。中国军队大力支持联合国维和能力待命机制建设,提升维和行动快速部署能力。2017 年 9 月,完成 8000 人规模维和待命部队在联合国的注册,包括步兵、工兵、运输、医疗、警卫、快反、直升机、运输机、无人机、水面舰艇等 10 类专业力量 28 支分队。2018 年 10 月，13 支维和待命分队通过联合国组织的考察评估，晋升为二级待命部队。2019 年至 2020 年，先后有 6 支维和待命分队由二级晋升为三级待命部队。中国维和待命部队按照联合国标准严格施训，始终保持规定待命状态，是一支训练有素、装备精良、纪律严明的专业力量。中国已成为联合国维和待命部队数量最多、分队种类最齐全的国家。此外，中国公安部 2016 年 6 月率先组建了全球首支成建制常备维和警队，该警队 2019 年 10 月晋升为快速部署等级。

（二）派遣更多保障人员参加联合国维和行动

工程、运输、医疗等后勤保障力量是维和行动的重要支撑，既有效提高特派团履职效能，又为驻在国战后重建和改善民生发挥重要作用。中国军队具有派遣保障分队参加维和行动的传统和优势。2015 年联合国维和峰会以来，中国军队积极响应联合国维和行动在工程保障、医疗救治等方面的力量需求，先后派遣 25 批维和工兵和医疗分队共 7001 人，参加在刚果（金）、南苏丹、苏丹达尔富尔、马里、黎巴嫩的维和行动。2020 年 8 月，中国军队有 6 支工兵分队 1188

人、4 支医疗分队 199 人正在遂行联合国维和任务。他们在危险动荡和艰苦环境下修路架桥、扫雷排爆、救死扶伤、支援重建,圆满完成联合国赋予的各项任务,为当地和平进程作出积极贡献,树立了联合国维和部队的良好形象。

（三） 完成为各国培训维和人员任务

中国军队秉持资源共享、合作共赢的精神,积极帮助其他出兵国提高训练水平,增强应对复杂环境能力,更好遂行联合国维和任务。5 年来,先后举办了保护平民、维和特派团高级官员、维和教官、维和军事专业人员、女性维和军官等 20 批专业培训,为 60 多个国家训练维和人员 1500 余人。中国军队开展扫雷援助项目,为柬埔寨、老挝、埃塞俄比亚、苏丹、赞比亚、津巴布韦等国培训扫雷人员 300 余人。此外,中国公安部培训多国维和警务人员 1000 余人。

（四） 向非盟提供无偿军事援助

维和行动的主要需求在非洲。为支持非洲国家提高自身维和维稳能力,以非洲方式解决非洲问题,中国军队积极落实对非盟1亿美元无偿军事援助，支持非洲常备军和危机应对快速反应部队建设。迄今为止，中国军队已向非盟交付首批军援装备和物资，派遣军事专家组对非方人员进行交装培训，并与非盟就下阶段军援安排达成一致。

（五）派出首支维和直升机分队遂行任务

中国战鹰为和平翱翔。2017年8月，中国军队向非盟—联合国达尔富尔混合行动（联非达团）派出140人的首支直升机分队部署到位，编配4架中型多用途直升机，主要承担部队投送、行动支援、人员搜救后送、后勤补给等任务。中国维和直升机分队在海外陌生复杂环境下完成多个高风险任务，成为联非达团重要的军事航空力量，为联合国在苏丹达尔富尔地区的维和行动提供了重要支撑。

（六）设立中国—联合国和平与发展基金支持联合国维和行动

为更好支持联合国和平事业，促进多边合作，中国设立了中国—联合国和平与发展基金。2016年至2019年，中国—联合国和平与发展基金在和平安全领域共开展 52 个项目,使用资金约 3362 万美元。其中 23 个项目涉及支持联合国维和行动,使用资金约 1038 万美元,包括联合国维和行动统筹规划、非洲维和能力建设、维和人员安保、在苏丹达尔富尔与马里等维和行动中的民生项目等。

四、中国军队积极推动维和国际合作

世界和平需要各国共同维护,维和行动需要多方加强合作。中国军队先后与 90 多个国家、10 多个国际和地区组织开展维和交流与合作,通过团组互访、专家交流、联演联训、人员培训等形式增进相互了解,交流经验做法,加强务实合作,密切双多边关系,不断提升维和能力。

(一) 加强战略沟通,凝聚维和共识

加强与联合国高层的战略沟通,是联合国维和行动向前发展的重要途径。2012 年以来,习近平主席 11 次会见联合国秘书长,在多个国际场合就世界和平与发展提出中国主张、中国方案,表达支持联合国维和行动的立场。2015年,习近平主席出席联合国维和峰会,提出恪守维和基本原则、完善维和行动体系、提高快速反应水平、加大对非洲的帮扶等主张。中国军队坚决贯彻落实领导人达成的共识,

加强与联合国相关机构密切沟通,多次参加联合国维和部长级会议、联合国维和出兵国参谋长会议,积极推动维和领域合作。

加强双多边沟通交流,增进理解互信。中国军队与俄罗斯、巴基斯坦、柬埔寨、印尼、越南、法国、德国、英国、美国等国军队在维和领域积极开展互访,加强政策沟通,规划维和合作,助推两国两军友好关系发展。2010 年 5 月,首次中美维和事务磋商在北京举行。2015 年 4 月,中国与越南两国国防部长在北京签署两国国防部维和领域合作备忘录;同年,中国同巴西、俄罗斯、印度、南非首次举行金砖国家维和事务磋商。2017 年 2 月,首次中英维和事务磋商在英国举行。2018 年 4 月,联合国军事参谋团的俄、法、英、美军事代表访华,同中方就维和行动进行广泛交流;5 月,中国与巴基斯坦签署维和行动政策合作议定书;10 月,德国国防部长参访中国国防部维和事务中心培训基地,中国国防部维和代表团参访德国国防军联合国中心。

(二)分享经验做法,贡献中国智慧

相互学习借鉴,开展经验交流,是改进联合国维和行动的有效方式。中国军队积极开展维和领域国际交流,派出维和专业团组访问阿根廷、芬兰、德国等国军队维和培训机构。180 余次接待各国和联合国、非盟等国际组织代表团参观访问。举办"中英维和研讨会""21 世纪和平行动面临的挑战国际研讨会""中国—东盟维和研讨会""2009 北京国际维和研讨会"等 10 多项大型维和国际研讨活动。在马里、苏丹、南苏丹、刚果(金)、利比里亚、黎巴嫩的中国维和部队与法国、塞内加尔、西班牙等国维和部队交流分享经验做法。

中国军队广泛参与联合国维和专题审议和政策制定,为维和行动发展贡献智慧。积极参加联大维和特委会、出兵国自携装备会议,邀请联合国维和行动高级别评审专家组、安理会代表团访华,就联合国维和行动改革、提高维和行动效能、保障维和人员安全等建言献策;组织《联合国维和工兵分队手册》《联合国维和军事情报手册》等专家编审国际会议,派专家参加联合国维和步兵、警卫、航空、运输、卫勤、军民合作等指导手册编写修订。

(三) 深化联演联训,共同提升能力

开展维和领域联演联训,是提升遂行联合国维和行动

任务能力,培养储备维和人才的重要举措。中国军队通过多种形式,与联合国、有关国家和地区组织开展维和演训活动,相互借鉴,共同提高。2009 年 6 月至 7 月,中国与蒙古国在北京举办"维和使命—2009"联合训练;2014 年 2 月,派员赴菲律宾参加东盟 10+8 多国维和桌面推演;2015 年至 2019 年,每年派实兵赴蒙古国参加"可汗探索"多国维和演习;2016 年 3 月、2019 年 9 月,分别派实兵赴印度、印尼参加东盟 10+8 维和与人道主义扫雷行动联合演习;2016 年 5 月、2018 年 5 月,两次派员赴泰国参加多国维和桌面推演;2018 年 4 月派员赴巴西参加"维京"多国模拟指挥所推演。

2009 年 6 月中国军队组建维和专业培训机构以来,举办联合国军事观察员、联合国维和参谋军官、联合国非洲法语区维和教官、联合国维和行动规划管理等各类国际培训班 20 余期。积极邀请联合国专家和有关国家资深教官来华授课交流,强化维和部队和维和军事专业人员部署前培训。先后派维和教官赴澳大利亚、德国、荷兰、瑞士、泰国、越南等国维和培训机构施训,派出 100 多名军官参加联合国及各出兵国举办的维和培训或观摩。

五、中国军队服务构建人类命运共同体

当今世界正经历百年未有之大变局,新冠肺炎疫情全球大流行使这个大变局加速变化,国际安全形势不稳定性不确定性增加,世界和平面临多元威胁。联合国维和行动受制因素日趋增多,职能任务日趋繁重,安全环境日趋复杂,面临多重挑战和考验。中国将继续发挥安理会常任理事国作用,坚定支持和参与联合国维和行动,积极响应联合国"为维和而行动"倡议,支持对联合国维和行动进行合理必要改革,为建设持久和平、普遍安全、共同繁荣、开放包容、清洁美丽的世界作出应有贡献。

(一)秉持人类命运共同体理念,
携手维护世界和平

当今世界,冲突地区人民依然饱受战乱之苦,对和平的渴望更加强烈,对联合国的期待更加殷切,对维和行动的期盼更加迫切。各国应相互尊重、平等相待,以最大诚意和耐心,坚持通过对话协商解决矛盾和问题,不能动辄诉诸武力或以武力相威胁,破坏世界和平、损害主权国家利益。各国应增强人类命运共同体意识,弘扬人道主义精神,更加坚定支持和积极参加联合国维和行动。中国将继续履行大国责任,加大对联合国维和行动的支持力度,同其他国家一道,推动联合国维和行动改革朝着健康合理方向发展。中国军队将继续加大联合国维和行动参与力度,全面提升维和能力,忠实履行使命任务,为维护世界和平作出更大贡献。

(二) 推动完善维和行动体系,
标本兼治解决冲突根源

发展和安全并重,标本兼治解决冲突根源,和平才可持续。维和行动既要同预防外交、维护和平纵向衔接,也要同政治斡旋、推进法治、民族和解、民生改善等横向配合。中国支持联合国构建更加完善的维和行动体系,在聚焦维和行动根本任务的同时,将有限的资源更多投入发展领域,充分尊重当事国政府根据国情自主选择社会制度和发展道路的权利,尊重当事国人民的生存权和发展权,使当事国能够集中力量进行发展重建,巩固和平成果,实现可持续和平。

中国军队在维和行动中,将一如既往为冲突国家和地区创造安全稳定环境,积极参与医疗卫生、人道救援、环境保护、民生发展、社会重建等工作,提供更多公共服务产品,努力使当地人民享受和平发展的红利。

(三) 坚持共商共建优势互补, 构筑新型维和伙伴关系

出兵国和出资国都是维和行动的重要贡献者。各国在维和领域应承担起各自应有责任,按照共商共建原则,优势互补,形成合力。中国支持联合国积极构筑维和伙伴关系,加强安理会、秘书处同出兵国和当事国在维和行动方面的协调,加强与区域和次区域组织在维和方面的分工协作。中国军队将积极响应联合国倡导的三方合作机制,在技术、装备、人员、资金等方面为其他出兵国以及区域或次区域组织维和行动提供力所能及的支持。

(四) 支持改进安理会维和授权, 全面提升维和行动效能

安理会授权是维和特派团开展行动的依据和指南,

是决定维和行动合法性和有效性的关键因素。制定和更新维和行动授权,要综合考虑当事国国情和实际需求,以及出兵国能力等各方面因素,并根据需求变化,不断调整各阶段优先任务和工作重点。中国支持联合国设立绩效问责机制,节约使用资源,加强高新技术运用,提高维和行动效能,确保维和行动发挥应有作用。中国支持联合国采取多种措施,帮助发展中国家加强维和维稳能力建设、提升人员素质和装备水平、增强维和部队履职能力。中国军队将继续为各国培训更多的优秀专业人才。

(五)充分发挥能力待命机制作用, 提高快速反应水平

联合国维和能力待命机制是快速应对危机冲突的重要保障。中国支持联合国推动维和能力待命机制建设,优先选择和部署符合联合国标准的待命部队。中国军队将按照相关机制建设要求,继续加强 8000 人规模维和待命部队建设,保持高水平待命状态,可根据需要派遣水面舰艇、快反等多种类型部队参加维和行动。

（六）积极应对多种风险威胁，
切实保障维和人员安全

维和行动环境日益恶化和复杂，只有确保维和人员自身安全，才能更有效地执行联合国安理会授权。中国主张维和行动应系统性应对日益增长的传统及非传统安全威胁，支持联合国综合施策，加强信息搜集和分享，提高预警和威胁感知能力，改善安防装备和设施，提升医疗救护水平，加强传染病防治应对，全方位保障维和人员的安全与健康。

结　束　语

75 年前,世界人民经过浴血奋战,付出巨大代价和牺牲,取得了反法西斯战争胜利,建立了以联合国为核心的国际体系。回顾历史,更加感受到和平的来之不易和守护和平的艰难。当前,人类正站在何去何从的十字路口,和平还是战争,合作还是对抗,进步还是倒退,是各国需要面对的重大课题。

和平需要争取,和平需要维护。中国坚定不移走和平发展道路,也希望各国都走和平发展道路。只有各国都走和平发展道路,才能共同发展、和平相处,世界才能真正实现和平。中国军队将一如既往支持联合国维和行动,履行守护和平的庄严承诺,给冲突地区带去更多信心,让当地人民看到更大希望。中国愿同所有爱好和平的国家一道,坚定捍卫和践行多边主义,坚定维护以联合国为核心的国际体系,坚定维护以《联合国宪章》宗旨和原则为基石的国际关系基本准则,推动构建人类命运共同体,携手建设更加美好的世界。

附录1 中国军队参加联合国维和行动大事记

1990年4月,中国军队向联合国停战监督组织派遣5名军事观察员,开启中国军队参加联合国维和行动的序幕。

1992年4月,中国军队向联合国柬埔寨临时权力机构派出由400名官兵组成的维和工程兵大队,首次成建制参加联合国维和行动。

2000年9月,中国国家主席江泽民出席联合国安理会首脑会议,就安理会的作用、联合国维和行动及非洲问题等发表讲话。

2001年12月,中国国防部维和事务办公室成立,负责协调和管理军队维和工作,开展对外维和事务交流等任务。

2002年2月,中国正式加入联合国一级维和待命安排机制,指定1个工程建筑营、1个二级医院和2个运输连为联合国待命安排部队,承诺在接到联合国派兵请求后90天内部署到维和任务区。

2003年4月,中国军队向联合国刚果民主共和国特派团派出维和分队,包括 1 支 175 人工兵分队和 1 支 43 人医疗分队。

2003 年 12 月,中国军队向联合国利比里亚特派团派出维和部队,包括 1 支 275 人工兵分队、1 支 240 人运输分队和 1 支 43 人医疗分队。

2006 年 4 月,中国军队向联合国驻黎巴嫩临时部队派出 1 支 182 人工兵分队。

2006 年 5 月,中国军队向联合国苏丹特派团派出维和部队,包括 1 支 275 人工兵分队、1 支 100 人运输分队和 1 支 60 人医疗分队。

2007 年 1 月,中国军队向联合国驻黎巴嫩临时部队增派 1 支 60 人医疗分队,并将工兵分队扩编至 275 人。

2007 年 2 月,中国国家主席胡锦涛在对利比里亚进行国事访问期间,视察慰问在当地执行维和任务的中国官兵,并题词:"忠实履行使命,维护世界和平"。

2007 年 9 月,赵京民少将就任联合国西撒哈拉全民投票特派团司令,成为首位担任联合国维和部队高级指挥官的中国军人。

2007 年 11 月,中国军队向非盟—联合国达尔富尔混合行动派出 1 支 315 人多功能工兵分队,成为第一支进驻该地区的联合国维和部队。

2009 年 6 月,中国国防部维和中心成立,担负中国军队维和培训、理论研究、国际合作与交流等任务。

2009 年 6 月至 7 月,中国军队与蒙古国军队首次举行代号为"维和使命—2009"的维和联合训练,这是中国军队首次与外军开展维和联合训练。

2010 年 9 月,中国国防部维和事务办公室与联合国维和行动部在中国北京共同举办"联合国维和特派团高级官员国际培训班",这是中国军队首次举办维和高级培训。

2011 年 3 月,中国国防部维和事务办公室与联合国维和行动部首次共同举办"联合国维和教官国际培训班"。

2011 年 7 月,中国赴联合国苏丹特派团维和工兵分队和维和医疗分队转隶新成立的联合国南苏丹特派团,维和运输分队完成任务回撤归国。

2013 年 6 月,联合国秘书长潘基文访华期间参观访问中国国防部维和中心。

2013 年 12 月,中国军队向联合国马里多层面综合稳定特派团派遣维和部队,包括 1 支 155 人工兵分队、1 支 170 人警卫分队和 1 支 70 人医疗分队。

2014 年 10 月,中国国防部维和事务办公室、中国国际战略学会、瑞典伯纳德特学院在北京举办"和平行动挑战论坛"2014年年会,联合国和19个国家共86名代表参加。

2015年1月,中国军队首次向联合国南苏丹特派团派遣1支700人维和步兵营。

2015年4月,中国与越南两国国防部长在北京签署两国国防部维和领域合作备忘录。

2015年5月,中国军队向联合国驻黎巴嫩临时部队增派1支200人建筑工兵分队。

2015年6月,中国军队首次派实兵赴蒙古国参加"可汗探索"多国维和演习。

2015年6月,中国国防部维和事务办公室与联合国妇女署共同举办保护平民国际培训班。

2015年9月,中国国家主席习近平出席联合国维和峰会并发表讲话,提出中国支持和改进联合国维和行动的4点主张和6项承诺。

2015年11月,中国军队在联合国总部举办"为和平而来——中国军队参加联合国维和行动25周年图片展"。

2016年7月,联合国秘书长潘基文访华期间,参观访问中国军队首批赴苏丹达尔富尔维和直升机分队。

2017年1月,中国国家主席习近平在联合国日内瓦总部出席"共商共筑人类命运共同体"高级别会议,发表题为《共同构建人类命运共同体》的主旨演讲,深刻、全面、系统阐述人类命运共同体理念。

2017年6月,中国军队首次向非盟—联合国达尔富尔混合行动派遣1支140人维和直升机分队。

2017年9月,中国军队8000人规模维和待命部队完成在联合国注册。

2017年12月,中国以副主席国身份主持《联合国维和军事情报手册》编写工作。

2018年5月,中国与巴基斯坦在伊斯兰堡签署维和行动政策合作议定书。

2018年6月,中国国防部维和事务办公室改编为中国国防部维和事务中心,中国国防部维和中心改编为中国国防部维和事务中心培训基地。

2018年9月,中国维和部队官兵代表应邀出席中非合作论坛北京峰会。

2018年10月,中国13支维和待命分队通过联合国考察评估晋升至二级待命等级。

2018年12月,中国以副主席国身份主持《联合国维和工兵分队手册》修订工作。

2019 年至 2020 年,中国先后有 6 支二级维和待命分队通过联合国审核晋升至三级待命等级。

2019 年 10 月,庆祝中华人民共和国成立 70 周年大会在北京隆重举行,维和部队方队首次在国庆阅兵中接受检阅。

附录 2 中国军队参加的
联合国维和行动

序号	联合国维和行动名称	中国军队参加时间
1	联合国停战监督组织	1990 年 4 月至今
2	联合国伊拉克—科威特观察团	1991 年 4 月—2003 年 1 月
3	联合国西撒哈拉全民投票特派团	1991 年 9 月至今
4	联合国柬埔寨先遣特派团	1991 年 12 月—1992 年 3 月
5	联合国柬埔寨临时权力机构	1992 年 3 月—1993 年 9 月
6	联合国莫桑比克行动	1993 年 6 月—1994 年 12 月
7	联合国利比里亚观察团	1993 年 11 月—1997 年 9 月
8	联合国塞拉利昂观察团	1998 年 8 月—1999 年 10 月
9	联合国塞拉利昂特派团	1999 年 10 月—2005 年 12 月
10	联合国埃塞俄比亚—厄立特里亚特派团	2000 年 10 月—2008 年 8 月
11	联合国刚果民主共和国特派团	2001 年 4 月—2010 年 6 月
12	联合国利比里亚特派团	2003 年 10 月—2017 年 12 月
13	联合国科特迪瓦行动	2004 年 4 月—2017 年 2 月
14	联合国布隆迪行动	2004 年 6 月—2006 年 9 月
15	联合国苏丹特派团	2005 年 4 月—2011 年 7 月
16	联合国驻黎巴嫩临时部队	2006 年 3 月至今
17	联合国东帝汶综合特派团	2006 年 10 月—2012 年 11 月
18	非盟—联合国达尔富尔混合行动	2007 年 11 月至今
19	联合国刚果民主共和国稳定特派团	2010 年 7 月至今

序号	联合国维和行动名称	中国军队参加时间
20	联合国驻塞浦路斯维持和平部队	2011 年 2 月—2014 年 8 月
21	联合国南苏丹特派团	2011 年 7 月至今
22	联合国阿卜耶伊临时安全部队	2011 年 7 月—2011 年 10 月
23	联合国叙利亚监督团	2012 年 4 月—2012 年 8 月
24	联合国马里多层面综合稳定特派团	2013 年 10 月至今
25	联合国中非共和国多层面综合稳定特派团	2020 年 1 月至今

附录 3　中国军队在联合国维和行动中牺牲的官兵

序号	姓名	联合国维和行动名称	牺牲时间
1	刘鸣放	联合国柬埔寨临时权力机构	1993 年 1 月 21 日
2	陈知国	联合国柬埔寨临时权力机构	1993 年 5 月 21 日
3	余仕利	联合国柬埔寨临时权力机构	1993 年 5 月 21 日
4	雷润民	联合国伊拉克—科威特观察团	1994 年 5 月 7 日
5	付清礼	联合国刚果民主共和国特派团	2003 年 5 月 3 日
6	李　涛	联合国利比里亚特派团	2004 年 8 月 11 日
7	张　明	联合国利比里亚特派团	2005 年 10 月 24 日
8	杜照宇	联合国停战监督组织	2006 年 7 月 25 日
9	谢保军	联合国苏丹特派团	2010 年 5 月 28 日
10	张海波	联合国利比里亚特派团	2014 年 9 月 11 日
11	申亮亮	联合国马里多层面综合稳定特派团	2016 年 5 月 31 日
12	李　磊	联合国南苏丹特派团	2016 年 7 月 10 日
13	杨树朋	联合国南苏丹特派团	2016 年 7 月 11 日
14	付　森	联合国南苏丹特派团	2019 年 11 月 26 日
15	王旭东	联合国南苏丹特派团	2020 年 2 月 15 日
16	陈　顺	非盟—联合国达尔富尔混合行动	2020 年 8 月 6 日

责任编辑：刘敬文

图书在版编目（CIP）数据

中国军队参加联合国维和行动 30 年/中华人民共和国国务院新闻办公室 著. —北京：
人民出版社,2020.9
ISBN 978－7－01－022488－6

Ⅰ.①中⋯　Ⅱ.①中⋯　Ⅲ.①维和行动-中国　Ⅳ.①D813.2

中国版本图书馆 CIP 数据核字(2020)第 175375 号

中国军队参加联合国维和行动 30 年

ZHONGGUO JUNDUI CANJIA LIANHEGUO WEIHE XINGDONG 30 NIAN

（2020 年 9 月）

中华人民共和国国务院新闻办公室

人民出版社 出版发行
（100706　北京市东城区隆福寺街 99 号）

中煤（北京）印务有限公司印刷　新华书店经销

2020 年 9 月第 1 版　2020 年 9 月北京第 1 次印刷
开本:787 毫米×1092 毫米 1/16　印张:3
字数:24 千字

ISBN 978－7－01－022488－6　定价:15.00 元

邮购地址 100706　北京市东城区隆福寺街 99 号
人民东方图书销售中心　电话（010）65250042　65289539